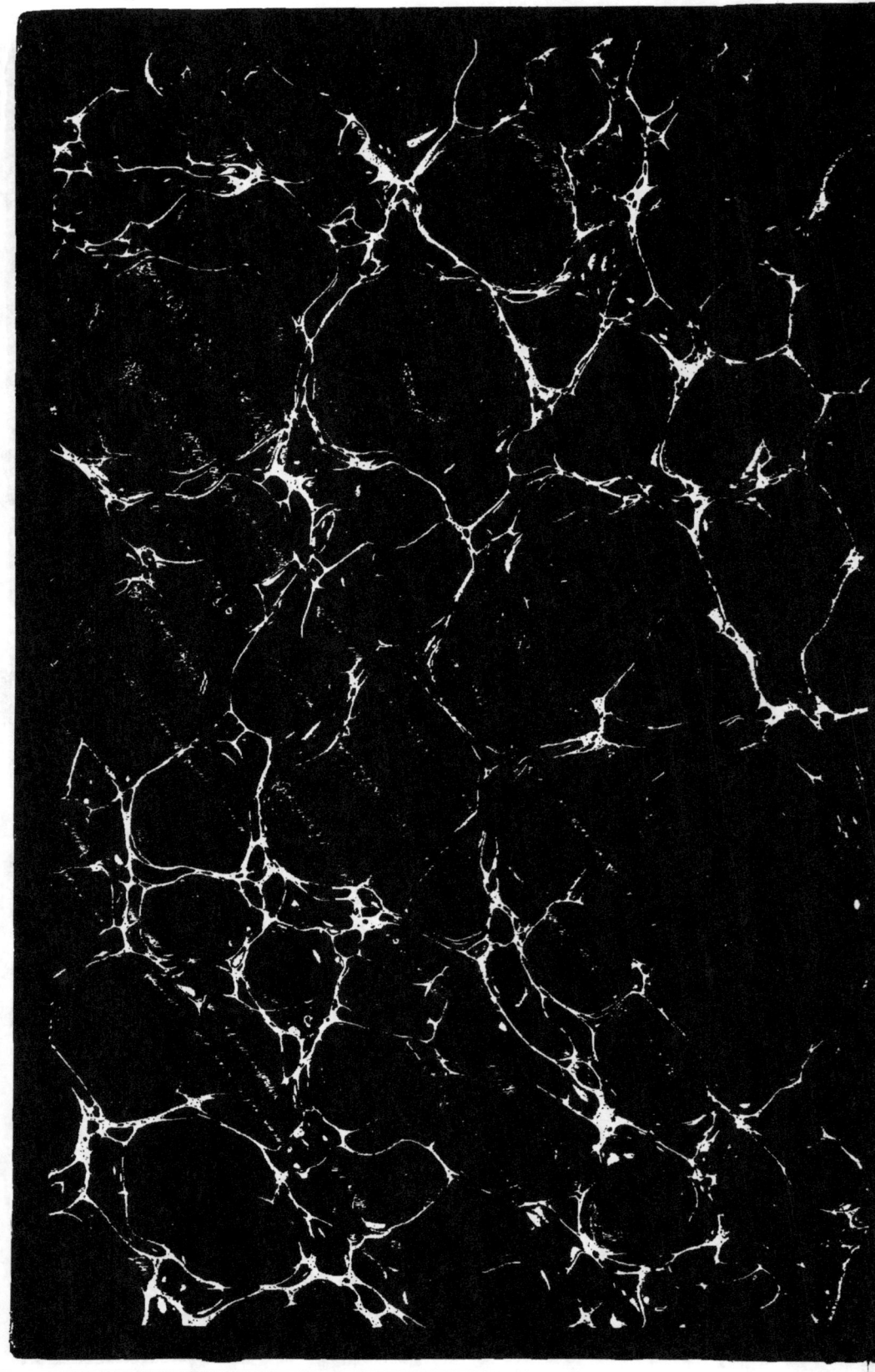

LK⁷/1676

HISTOIRE
DE
CASTELLANNE.
(BASSES ALPES).

HISTOIRE

DE

CASTELLANNE

(BASSES ALPES),

PAR

M. LOUIQUY, AVOCAT.

> Quod non verisimile tamen verum est.
> SÉNÈQUE.

MARSEILLE, IMPRIMERIE DE MILLE ET SENÉS,
PLACE ROYALE, 1.

1836.

HISTOIRE

DE

CASTELLANNE.

(BASSES ALPES.)

C'est une heureuse pensée que celle d'offrir à ses compatriotes, l'histoire de ces hommes qui, en élevant un humble toit sur le sommet de la colline où ils avaient cherché un abri, jettèrent la première pierre de nos bourgs et de nos cités. La source de notre sang, la croix qui protège la cendre de nos pères, la voûte sainte où nous reçumes la bannière de notre religion, les actions d'un sage, les exploits d'un héros, nos concitoyens, font battre le cœur.

Au moment ou d'habiles écrivains, liés par un contrat de fédération littéraire et politique, étalent, dans de gros volumes, les richesses, le luxe, la magnificence de leurs villes superbes, parcourent des ports et des arsenaux, admirent des cathédrales et des musées, s'animent devant des statues, se posent devant des édifices et des monumens, s'inclinent avec respect, ou reculent avec horreur, devant des noms fameux, tracent et déroulent, taillant sur un grand bloc, de grands caractères, de grandes images, de grands tableaux, de grandes scènes, pourquoi, dans un petit livre, ne me serait-il pas permis de broyer quelques couleurs pour ma patrie ?

Castellanne ! si, comme tant d'autres, je n'ai pas le privilége de vanter tes architectes, tes peintres, tes poètes, tes orateurs et tes guerriers, il m'est doux de t'entretenir de tes montagnes et de tes plaines, de tes rochers, de ta rivière et de tes vallons, d'esquisser quelques traits de tes vertus !

ORIGINE, MOEURS, CARACTÈRE.

Castellanne existe sur des ruines diverses. L'an de Rome 554, 200 avant la naissance de Jésus-Christ, les anciens colons de la Provence, chassés de leurs côtes par les Phocéens, peuples belliqueux et policés, venus de la Grèce, se réfugièrent sur les montagnes des Alpes et bâtirent une ville dans la plaine de Notre-Dame, ils la baptisèrent de l'eau salée d'une grande source, *civitas saliniensium*: la ville des Saliniens.

On a trouvé, à différentes époques, sous ses décombres, des pierres sépulcrales, des pièces de marbre et de monnaie, et dernièrement les traces de deux tombes, qui n'étaient pas, comme on l'a cru, celles de Templiers.

Après avoir assigné des bornes au Verdon, les Saliniens formèrent cette belle vallée et ce magnifique bassin qui, ayant reçu des habitans d'aujourd'hui une nouvelle vie, font notre richesse et nos délices. Entourés des coteaux de la Mélaou, de Signal, de Bouquet, que le fer n'avait pas encore mutilés, où la vigne se plaisait, où le pâtre rencontrait de gras pâturages; sur les bords du paisible vallon de Clastres; au milieu des fontaines d'une eau vive et abondante, ne voyant que de loin les hautes montagnes, ils dûrent, sous un beau ciel, jouir du bonheur des premiers âges.

Les Romains séjournèrent long-temps dans leur ville, plantèrent en son honneur des pierres milliaires, sur le pont Julien, les chemins de Cheiron, de Sionne, et lui donnèrent le droit de cité. Les noms de Marcus, de Julia, de Lucilla, que la noblesse seule portait, ceux de Quinvirs, de Décurions, et de Préteurs, qui dans les villes municipales avaient la même dignité que les Sénateurs à Rome, attestent sa distinction.

Castellanne a conservé de son ancienne aïeule, quelques débris précieux.

I.

Quartinia-Catullina, pour enfermer les ossemens de Titus Quartinius-Catullinus et de Lucilla-Quartinia, son père et sa mère.

II.

Marcus-Matucolinius, à Marcus Matucolinius, son fils, décurion de la cité des Saliniens.

III.

Une pierre antique, en jaspe vert, représentant des ornemens d'un travail achevé, avec ces mots : *Civitas Saliniensium*.

IV.

Une table en marbre, servant sans doute de pavé aux bains, sur laquelle un aigle est sculpté.

V.

Saliniensienses Tiberino prætori, avec une hâche qui annonce le grand magistrat de la ville.

La première de ces inscriptions est sur une pierre triangulaire, à la porte du jardin de madame Marie.

La seconde, la troisième et la quatrième, dans les fondemens de la tribune de l'église St.-Augustin.

La cinquième, sous le bénitier de celle St.-Victor.

Dans le quartier de la Salaon on a encore

découvert, en 1827, des fragmens de pierres tumulaires et une médaille à l'Empereur Trajan, parfaitement frappée : elle est entre les mains de M. J. Poilroux.

C'est dans ce quartier de la Salaon que, des flancs d'une colline de pierre molle, couverte de landes de plâtre, s'élance impétueuse et bouillonnante une source qui fait tourner deux moulins, une fabrique de draps, et se jette dans le Verdon, en vomissant au loin son écume blanchâtre : remarquable par ses variations, se jouant dans les grottes de la colline, tantôt elle s'ouvre une issue, tantôt une autre, tantôt elle diminue et disparaît, tantôt elle grossit et se gonfle : en 1702 elle fut invisible pendant quatre jours, et pendant deux heures en 1740. Les observateurs attribuent ces phénomènes au flux et au reflux qu'exercent les tourbillons des vents : son eau mordante, âpre, verte, salée comme celle de la mer, est malfaisante aux productions de la terre : là où elle croupit, la plante tombe, se relève avec effort, jaunit, se dessèche et meurt : les troupeaux s'en abreuvent volontiers ; l'homme pourrait s'en servir : décomposée il y a plus de deux siècles, elle produisit deux onces de sel sur trois livres d'eau, la chimie obtiendrait aujourd'hui des résultats plus avantageux, la médecine y puiserait des remèdes salutaires. Lorsque nos bons souverains établirent le fameux impôt de la gabelle, Castellanne et ses villageois, qui savaient déjà que le sel est le pain du pauvre, se soulevèrent prêts à s'armer, et les troupeaux continuèrent à aller boire sans trouble l'eau des moulins ; ce fut la victoire des moutons.

L'ouvrage des Saliniens était celui d'un travail commun ; ils en firent le partage ; de là, la diversité des conditions, des familles, de là une société nouvelle : comme la vertu et le vice pouvaient également habiter avec eux, ils s'imposèrent un frein sévère, terrible, souvent barbare.

Une ceinture publique les mesurait ; celui, qui, dans l'oisiveté, laissait prendre à son corps trop d'embonpoint, était flétri : c'était en tremblant que les magistrats recevaient des mains de ces montagnards le livre de la loi ; ils savaient qu'il renfermait un glaive.

Malheur au fils indigne de son père !

Pour donner plus de prix à l'économie et à la liberté, qu'ils regardaient comme une grande vertu et un trésor, ils forçaient le débiteur obéré à abandonner ses biens à ses créanciers et à devenir serf : ils ne confondaient jamais la dépouille du prévaricateur ou du serf, avec celle de l'homme juste, ou libre.

La mort avait son étiquette.

Dans l'intérêt de l'égalité des fortunes, la dot

des filles ne pouvait pas dépasser une certaine somme.

Leurs denrées n'avaient presque pas de valeur; aussi l'argent était très rare, ils ne connaissaient que le sol, le demi-sol et le tiers de sol; la plus forte de ces monnaies était moindre que notre franc : ils payaient l'impôt par la mesure, la demi-mesure et le tiers de mesure, à proportion de ce qu'il récoltaient.

Sobres, simples, leur nourriture se composait de légumes et de gibier, leurs vêtemens, d'un justaucorps, d'un pantalon très large, et d'un bonnet; leur langage, du grec et de l'espagnol.

Bons, curieux, vifs, bien faits, souples, forts, courageux, les Saliniens dormaient sur le feuillage, maniaient la lance, conduisaient la charrue, en forgeaient le soc, montaient à cheval et allaient à la chasse. Par un sentiment commun à tous les hommes, ils interrogèrent la nature et en pénétrèrent les secrets, ils se livrèrent à l'étude du cours des astres, des plantes, et de l'organisation des animaux: la musique, la poésie, l'éloquence embellirent leur vie rustique. Ensevelis pourtant dans les ténèbres de l'idolatrie, ils brûlèrent de l'encens sur les ondes du Verdon, et se prosternèrent devant la majesté du Roc : le sang des victimes humaines fuma quelquefois sur ces ridicules autels.

La république des Saliniens, mélange d'aris-

L'an de Rome 699, 53 avant Jésus-Christ.

tocratie et de démocratie, semblable à celle des Suisses, se soutint jusqu'à la conquête des Gaules par J.-César : les Romains les vainquirent sans les subjuguer, adoucirent leurs mœurs sans les changer, et leur communiquèrent leurs vices sans détruire leurs vertus ; ils renversèrent l'idole de la liberté ; mais, tel est son empire ! l'ombre resta.....

DESTRUCTION DE LA VILLE DES SALINIENS.

Le Catholicisme qui, par ses principes, est la grande Charte de l'humanité, dont la marche s'était ralentie chez les Grecs, du temps de Périclès, et chez les Romains, un peu avant Auguste, avait repris, avec éclat, possession du monde, lui montrant la route de la sagesse, de la liberté, du bonheur et de la vie.

Son flambeau, que portaient sur les Alpes St Pons et St Marcellin, évêques d'Embrun, éclaira les Saliniens : les mains tendues vers le ciel, développant leur intelligence, épurant leur raison, ils adoptèrent d'autres coutumes, ils modifièrent leurs codes et n'adorèrent qu'un Dieu ; il vécurent comme ses enfans : ils vécurent heureux.

Etrange destinée du catholicisme ! son dogme vivifie les hommes, son fanatisme les tue ; l'un prêche l'indépendance et se ligue contre les rois, l'autre prêche la servitude et étouffe les peuples. Athènes, Rome, ont commandé, Athènes n'est plus, Rome obéit : les noms de Naples avec ses *Lazzaroni*, de Venise avec son *Doge* et ses *Dix*, glacent encore de terreur ; la dévote Espagne se dégrade ; l'Allemagne, la Bohème, la France, l'Angleterre, les Pays-Bas ont eu leurs orages.

<small>858 de Jésus-Christ.</small> Les Saliniens avaient passé sous la domination des rois de France.

Frappés par le génie destructeur des Visigoths, ils en fesaient disparaître les marques, avec les bienfaits du catholicisme, et par un travail opiniâtre. Malheureusement, des barbares, les Sarrasins, sectateurs de Mahomet, conquérans de l'Espagne, envahissaient la France.

Des milliers sortent des flots de la Méditerranée, plus féroces que des tigres, se répandent dans la Provence, le cimeterre, le marteau, la flamme à la main, la rasent, l'inondent de sang et de pleurs. La ville de nos ancêtres éprouva le sort de ses voisines : elle périt : veuve d'un grand nombre de ses habitans morts pour sa défense, elle cacha ses tristes restes dans les bois et les rochers ; le Verdon, rompant ses digues abandonnées, déborda dans la plaine et consomma l'ouvrage de la barbarie.

> Hic primi parentes,
> Hic primi luctus.
> . . . .
> . . . .

DÉFAITE DES SARRASINS, NOUVELLES VILLES SUR LE ROC ET DANS LA PLAINE SAINT-ANDRÉ.

Au moment où les Sarrasins anéantissaient les provinces de la France ; que fesaient nos rois ? benets, ils plantaient la féodalité ; fainéans, ils dormaient sur le trône ; lâches, ils mendiaient auprès des Maires du palais ; assassins, ils fesaient pénitence dans un couvent.

Un homme prit leur place.

Lacerda Valentinus, que plusieurs historiens font descendre des princes de Castille, issu plus vraissemblablement d'une famille de patriciens établie dans les Gaules, hardi, expérimenté dans l'art de la guerre, rassemble les Saliniens, les anime, les place sous l'arbre de la croix, et marche contre l'étendard de Mahomet.

Les Saliniens font des prodiges, l'ennemi fuit devant eux : Sisteron, Riez, suivent ce courageux exemple, Grimaud ; l'émule de Lacerda Valentinus, se met à la tête des Antibois ; les Sarrasins, poursuivis de toutes parts, déposent les armes.

Le brave Lacerda Valentinus acheva sa belle œuvre, ses compatriotes lui devaient la paix ; il leur procura une ville. Les Saliniens adressent de pénibles adieux à leur premier champ d'asile, et s'acheminent vers le Roc, leur ancienne divinité, dénués de ressource, la douleur dans l'âme, mais conduits par Lacerda Valentinus, cet autre Enée, et soutenus par l'espérance : ils campent sur la plate-forme : aussitôt, les vieillards, les femmes, les enfans, Lacerda Valentinus chef et ouvrier, jettent les fondemens des fortifications ; l'eau manque, ou elle est trop éloignée, on creuse une profonde citerne ; déjà, le mortier s'attache à la pierre ; bientôt des retranchemens, des murailles, une citadelle garnie de demi-lunes, de crénaux et d'embrasures, deux portes; celle de Fer et celle de l'Eguille, une maison, une rue, une ville, une patrie, Castellanna!!! Castellanna petra!!! bravant les Sarrasins.

Les Saliniens l'avaient créée sans distinction, ni d'âge, ni de sexe, ni de rang, avec une ardeur, une constance et un ordre admirables, ils la nommèrent Castellanne du mot *Castellum*, dont le Roc avait la forme, se la divisèrent comme des frères et l'habitèrent comme des amis.

Merveilleux élan! beaux résultats d'un esprit d'association sage et courageuse!

Assis sur une base immense, taillé à pic, détachant de sont front un bloc énorme, *prêt à bondir*, le Roc s'élève à une hauteur gigantesque : une petite chapelle, celle de nos aïeux le couronne ; il est toutes les années, depuis un temps immémorial, un lieu de rendez-vous pour la prière et les plaisirs: de jeunes filles, vêtues de blanc, la Vierge sainte sur leurs chastes épaules, chantant des hymnes, une armée bourgeoise, que précèdent le fifre et le tambour, toute la ville y monte, un beau jour de printemps.

Là, après l'office divin, à l'ombre de l'hermitage, sous la voûte d'un rocher, les parens, les amis, en groupes de famille, se procurent les douceurs d'un banquet joyeux et cordial, tandis que, sur de larges tables en pierre verdâtre, couvertes d'urnes du meilleur vin, de jambons, de chevreaux tout entiers, au milieu des faisceaux d'armes, au son des fanfares, panaches flottans, enseignes déployées, les *Cavaliers* d'un côté, les *Fantassins* de l'autre, rayonnans d'allégresse, brillans d'ardeur, font un repas semblable à ceux des héros d'Homère.

La fête, qui attire un grand nombre d'étrangers, se termine par des jeux divers, les danses, et le simulacre d'un combat, après lequel les vainqueurs embrassent les vaincus, leurs frères d'armes.

Vierge du Roc! Vierge céleste! puisse ne jamais s'éteindre la lampe que nos vestales entretiennent sur ton autel!

Patronne de la bonne ville de Castellanne! veille toujours sur nous!

En face du Roc, Destourbes, montagne non moins remarquable, déploie, du levant au couchant, son vaste rideau, labouré par les orages, avec ses angles et ses crevasses, ses touffes de buis pendant l'été, ses nappes de neige pendant l'hiver, et sa cime rocailleuse qui sert de piédestal à une grande croix : un pont d'une seule arche, chef-d'œuvre par sa légéreté et son audace, s'appuyant contre ces deux colosses, les partage et les enchaîne en même temps : le voyageur ne les voit jamais sans leur payer son tribut d'admiration et d'horreur.

Napoléon pendant deux fois ; immobile ! a contemplé ces pyramides de la nature.

Le Verdon, fier de rouler ses ondes au milieu d'elles, avant de se perdre entre mille roseaux, dans la Durance, serpente au loin dans son lit peuplé de truites, semé de petits cailloux, et arrose de belles campagnes.

La ville de Castellanne habitée par des hommes alors laborieux, ouvrant ses murs à une foule d'autres montagnards, échappés à la fureur des barbares, prospéra et s'accrut considérablement : son enceinte devint insuffisante pour contenir tant d'émigrés ; Lacerda Valentinus en recula les limites dans la Plaine St.-André, qui s'incline en amphithéâtre vers le midi, que dominent des rochers escarpés et une chaîne de coteaux. Comme elle était moins protégée par la nature que la plâte-forme du Roc, les Castellanois, sous la conduite de Lacerda Valentinus, la bordèrent de tours, d'un double cordon de remparts, ne laissèrent qu'une porte, celle de

2

Rome, arrondirent des milliers de pierres pour les faire rouler, aussi meurtrières que nos boulets, du front de la citadelle, sur l'ennemi, en cas d'attaque, et bâtirent dans moins de quarante ans une nouvelle ville, régulière, agréable et commerçante : elle fut leur capitale.

Le brave Lacerda Valentinus n'en avait vu que la moitié, il était descendu dans la tombe avec les noms glorieux et durables de guerrier, de libérateur, de philantrope : le père des Castellannois pendant sa longue vie, il leur laissa pour héritier de ses vertus *un Baron*.

BARONNIE DE CASTELLANNE, BOURG A NOTRE-DAME DU PLAN, FONDEMENS D'UNE TROISIÈME VILLE.

Dans le temps de la construction de la ville des Castellannois, la France était gouvernée par plusieurs roitelets, et lacérée par des millions d'hommes qui se disaient barons, comtes, etc. Point de terre sans seigneur : le hennissement d'un cheval noble fesait, un jour de parade, trembler tout un canton : c'est rappeler le bel âge féodal : la nation avait bien ses souverains chefs de l'état, mais ils n'étaient ni viables, ni dignes du sceptre, ils ne figuraient un instant sur le trône que comme des dates historiques : l'un d'eux disait un jour à un baron ; qui t'a fait baron ? — Qui t'a fait roi ? lui répondit celui-ci : il avait raison.

Boniface 1, fils de Lacerda Valentinus, caressé par des idées de grandeur, prétendit que la ville de Castellanne était la conquête de son père sur les Sarrasins, par conséquent son patrimoine. Il se décora, avec l'approbation du roi d'Arles, moyennant récompense, du titre pompeux et fiscal de *baron*, ne marcha plus que revêtu de la pourpre, précédé de ses hérauts-d'armes, et fit battre monnaie à son effigie.

Les Castellannois apprirent ce que c'étaient que les tailles, les péages, les taxes, les corvées, etc., etc., ils rougirent de la qualification de vilains, de valets, etc., etc., et pleurèrent peut-être sur la pudeur servant d'holocauste aux passions... outrages les plus sanglans que l'orgueil et la barbarie puissent faire à la nature !

La souveraineté de Castellanne acquit dans quelques années un grand relief, elle avait un cirque, s'honorait d'un évêque, jouissait de beaucoup de priviléges, et commandait à quarante villes, bourgs, ou villages : elle était le siége d'un tribunal remplissant les fonctions de nos Cours Royales, aux pieds duquel la ville de Riez elle-même portait ses affaires.

Boniface 1, son fondateur, mourut dans un âge très avancé : sa gloire fut bien différente de celle de son père : son fils aîné lui succéda.

985.

Les Castellannois ne trouvèrent pas le joug de Boniface ii moins pesant que celui de son prédécesseur, outre leur existence servile, ils commençaient à s'apercevoir que la population toujours croissante rendait la ville incommode et son terrain insuffisant, ils tournaient avec complaisance leurs regards vers les anciennes demeures de leurs aïeux, auprès desquelles de vastes champs et les eaux fécondantes du Verdon semblaient les appeler.

Des membres de la grande famille, jusqu'alors inséparable, s'en détachèrent, pour élever sur le penchant d'un coteau quelques habitations qu'ils nommèrent Bourg : ce Bourg, avantageusement situé, attira les Castellannois de la plaine St.-André et un grand nombre d'étrangers: comme il sortait de leurs mains, nos ancêtres croyaient qu'il serait libre ; mais la féodalité, alors dans toute sa splendeur, le marqua de son sceau, et le laboureur, heureux de glaner quelques épis, lui fit hommage de sa première moisson.

1030.   Boniface III, petit fils de Boniface II, la recueillit.

A cette époque, le pouvoir théocratique n'offrait pas un spectacle moins affligeant. Les évêques, possesseurs de grandes richesses, étalaient un luxe quelquefois scandaleux, avaient leurs vassaux, leur milice, et excommuniaient les rois : on ne voyait partout que moines et abbés, bonnes gens qui, avec le secours des pieuses terreurs, ne manquaient pas de plaisirs temporels.

Plusieurs d'entre eux de l'ordre de St.-Victor, partis de Marseille, avaient posé leur froc et réuni quelques matériaux dans la plaine des Saliniens. Des montagnards errans, encouragés par l'exemple, cédant aussi à leurs mystérieuses exhortations, bâtirent un bourg, un monastère et une église : déjà, la colonie monacale avait de belles propriétés, la banalité d'un moulin et autres bénéfices, elle ne refusait pas les offrandes publiques, et exigeait dans sa généreuse béatitude le prix de l'eau baptismale, des neuvaines et des chants funèbres. Mais, au XVe siècle, tout fut détruit par les Calvinistes ; le Saint Temple excepté : il ne resta qu'un prieur, qui vendit ses droits nobiliers à la nouvelle ville. L'église de Notre-Dame-du-Plan dota notre paroisse de ses vases sacrés, de son candélabre, de ses ornemens et de ses cloches : il y a dix ans, cet édifice montrait encore, au milieu des ombres des Saliniens aux Castellannois, leurs petits neveux, ses murs gothiques en pierres de diverses couleurs, ses pilastres, ses corniches, sa flèche, ses dalles, et leur fesait entendre ses lointains échos.

En admirant cette belle création, autour de laquelle semblaient se grouper tous les souvenirs de l'antiquité dans un coin des Gaules, on avait avec elle de muets, mais d'éloquens entretiens. Pourquoi ne l'a t-on pas conservée, pour qu'elle fut, de siècle en siècle, face à face avec les temps modernes ? faut-il la voir condamnée à être foulée pas les sandales d'un parvenu qui, dans sa stupide ignorance et sa délirante vanité, raille ignoblement un passé vénérable!!

1170. Après la mort de Boniface III, ses enfans se disputèrent la souveraineté, les deux frères cadets contestant le droit d'aînesse, voulaient la posséder chacun à son tour; ils se prétendaient plus fondés que Hugues Capet, le premier roi de sa race, qui avait usurpé à l'héritier de Louis V la couronne de France, que la vaillance et la messe de Henri IV, le despotisme et la chevalerie de François I, la grandeur et le faste de Louis XIV légitimèrent à peine.

Les trois frères soumirent aux évêques de Sénez, de Riez et d'Embrun, le jugement de leur querelle; les prélats se prononcèrent en faveur de l'aîné, qui ayant épousé Agnés de Spada, ajouta six autres villes, bourgs ou villages, prix de sa dot, à la baronnie, et la rendit des plus florissantes.

Mais son éclat ne devait pas être durable; sa ruine même n'était pas éloignée:

HUMILIATION DE BONIFACE V, MORT TRAGIQUE DE SON FILS: EXTINCTION DE LA BARONNIE.

Arles, la ville de Constantin, la reine des Gaules, le Parnasse des premiers troubadours, avec ses cirques, ses théâtres et ses palais de marbre; Marseille aujourd'hui la superbe, le bazar, la nouvelle Tyr de l'univers; Toulon, le Pyrée de la France, dépositaire du génie de Vauban; Aix, cette autre Salamanque; Fréjus, célèbre par les travaux d'Auguste; Grasse, riche de tout ce que l'orient peut prodiguer aux caprices du sybarite et aux besoins de l'homme heureux; Antibes et ses bastions; Nice, la fille de la victoire; le ciel de l'Ausonie, notre Tempé, la Provence ne méritait pas les regards de nos rois!

Le croirait-on! si l'histoire n'était pas là! Ildefond 1 roi d'Aragon, s'en empare et voit s'abaisser devant lui les armoiries des seigneurs, de ces demi-dieux. *1200.*

Boniface v, successeur de son père, jeune altier, chevaleresque, lui refuse les siennes et se prépare à la guerre, mais le danger était imminent, Ildefond irrité, s'avançait avec une armée; Boniface, trop faible pour se défendre, accompagné des évêques de Senez et d'Embrun, se rendit à son camp, et fit sa soumission; le roi satisfait ne toucha à aucun de ses priviléges et le renvoya comblé de présens: l'humiliation ne parut que plus grande au fier baron, il mou- *1225.*

rut peu de temps après : un sort plus malheureux attendait son fils.

Le Midi de la France venait de changer de maîtres ; sous le règne du fils de Blanche de Castille, l'un de ses frères avait en appanage les comtés de Poitiers, l'autre, Charles d'Anjou, celui de Provence : ce prince était allé, sous la bannière de St.-Louis, vouer son épée et son sang au tombeau de Jésus-Christ : les villes d'Arles et d'Avignon, profitèrent de cette circonstance, pour lever l'étendard de la liberté, et Boniface VI les seconda de toutes ses forces, mais Charles, à son retour, reprit son autorité et menaça Boniface du poids de sa colère : au moment où il combattait en Flandre les ennemis de son frère, Marseille se révolta, l'incorrigible Boniface y courut avec ses vassaux, Charles fit rentrer Marseille dans l'obéissance et vint frapper aux portes de Castellanne : Boniface bout de courage, monte sur les remparts, y appelle les Castellannois ; ceux-ci ne voyaient entre leur baron et Charles qu'une querelle personnelle ; n'ayant à défendre, ni biens, ni liberté, espérant peut-être des jours de délivrance, ils restèrent immobiles : Charles entra dans la ville, la traita en vainqueur, et éteignit la baronnie de Castellanne dans le sang de Boniface VI, l'un des plus graves seigneurs de son siècle.

1262.

Le même Charles d'Anjou devait bientôt, à l'invitation du pape, détrôner le roi de Naples, le faire décapiter, et donner par ses cruautés le signal des Vêpres Siciliennes, où périrent tant des provençaux.

CROISADE.

Pierre l'Ermite avait réalisé en 1104 le fameux projet qu'avait conçu Gerbert, pape français, de conquérir la Palestine : revenu du pélérinage, Pierre, le bréviaire sous le bras ; un bâton à la main, parcourut l'Europe, prêcha l'évangile, et échauffa les imaginations pour le St.-Sépulcre. Les évêques, les seigneurs, les vassaux, les serfs, la croix sur la poitrine, criant *Dieu le veut*, ayant Pierre pour général, répandirent partout la terreur et la dévastation, massacrèrent les juifs et s'ensevelirent dans la Hongrie : une quarantaine de mille hommes reste d'une armée féodale, régulière, pénétra dans Jérusalem, et proclama roi Godefroy de Bouillon : on reprocha à ces saintes folies la cause de l'abandon des campagnes et des flots de sang, mais l'humanité et la liberté y gagnèrent : le serf qui avait affronté le trépas à côté de son maître, comprit qu'il était homme, et le pouvoir royal, débarrassé d'un grand nombre de seigneurs, se releva.

Un Castellannois d'un rang distingué, que

M. Laurency appelle Pierre, mais qu'il ne faut pas confondre avec Pierre l'Ermite, qui était d'Amiens, se rendit à la Terre-Sainte, à la tête de ses compatriotes et des Provençaux, il eut la gloire d'être le compagnon d'armes du comte de Turenne, et de mêler ses cendres à celles de tant d'autres guerriers.

M. Laurency prétend que Hugues de Paganis, le grand-maître des Templiers, était originaire de Castellanne, et qu'il y fonda dans le quartier de Cheiron une communauté composée en grande partie de Castellannois, M. Laurency se trompe, quelques-uns de nos compatriotes sont peut-être montés sur les bûchers de Philippe le-bel, mais notre ville n'a pas été le berceau de Hugues de Paganis, né à Naples; elle n'a pas eu non plus un établissement de son ordre, qui, quoique débauché et orgueilleux, ne méritait par la mort :

TROISIÈME ET DERNIÈRE VILLE.

1300.

Les Castellannois séparés, et bientôt d'une égale force, s'aperçurent qu'une réunion était nécessaire à leurs besoins et à l'entretien de la paix : la mère-patrie se joignit à ses enfans, le foyer de la grande famille se ralluma, et le Bourg prit la forme d'une ville, que ses habitans avec les matériaux de la plâte-forme et de la plaine St-André, investirent d'une ceinture de remparts, de neuf tours, et décorèrent de l'église St.-Victor, vieille cathédrale humide, sombre, à peine colorée, sous des voûtes grisâtres, par quelques tableaux ; peu à peu, s'alignèrent les rues du Milieu, du Mazeau, de l'Horloge et de la plus haute fontaine, jusqu'au palais de justice : les faubourgs St-Michel, St-Martin vinrent après : plus tard on vit s'élever l'église St-Augustin d'un goût ionique, belle, élégante, majestueuse par ses blanches colonnes et son dôme aérien ; ensuite l'église St-Joseph, petite, œuvre d'un ciseau délicat ; modeste sanctuaire. Un hôpital avec un jardin et un champ fertile, reçut les malades, établissement précieux! que nous devons à la charité publique : les familles Laurens, Perronne, Lieutaud, Martiny, Audoul, Laurency, Périer, Tapoul, Bellour, Laugier, Pouguet, etc., déposèrent les premières leur obole. Le Verdon fut encaissé, un forum s'élargit comme un champ de bataille, la terre sourit à des bras vigoureux et intelligens, et Castellanne, reste de trois villes, notre legs, celui de la postérité, se mit au rang des plus agréables cités bas-alpines.

Ses fondateurs, dans un vaste ossuaire, dorment sous nos pas : respectons leurs cendres!!!

. . . .
. . . .
. . . .

PRIVILÉGES DE LA VILLE, SIÉGE, DÉSASTRES.

Castellanne soumise, après la fin tragique de son dernier baron, aux comtes de Provence, commença à respirer l'air de la liberté, elle reçut même des priviléges, qui aujourd'hui seraient regardés comme un monopole révoltant. Ses denrées circulaient partout sans obstacle, tandis que celles qui venaient du dehors étaient frappées d'une forte taxe : proportionnellement à sa population et à ses revenus, elle fournissait un contingent de soldats et payait un impôt moindres que ceux des villes voisines; elle jouissait du droit de chasse et du port d'armes : pour qu'un Castellannois ne pût jamais être incarcéré, il suffisait qu'il eût un domicile connu, ou une caution.

Castellanne était une des bonnes villes des comtes.

Ses administrations ne laissaient rien à désirer, onze magistrats, divisés en deux sections, rendaient la justice, des syndics veillaient à la police, à la sûreté de la ville, à la conservation de ses immunités : un vieillard, nommé grand Clavaire, avait la garde du trésor; dans ces divers emplois, se sont distingués les de Laurens, les de Demandols, les de Brenon, les Périer : son bailliage, plus étendu que son arrondissement d'aujourd'hui, embrassait les communes de Trigance, du Bourguet, de Chateauvieux, de Lamartre, de Barrème, etc., etc. Le bailliage avait un chef qui représentait les comtes, et savait concilier les besoins de la ville et ses drois avec ceux de son maître : au reste, aurait-il eu des velléités de despotisme, les syndics, ce qui n'arrive pas aujourd'hui, l'arrêtaient : presque toujours en contradiction avec lui, jamais ils ne fesaient cause commune contre les administrés, qu'ils plaçaient sous leur tutelle. A ces avantages, les Castellannois joignaient un caractère grave, la tempérance et la modestie, récompensant ou bannissant publiquement les autorités, selon leur mérite, ils connaissaient l'ostracisme des Athéniens : sur leur table, des fruits ; pour la plus belle parure, cinq écus, cent pour la dot la plus riche : hâtons nous de dire qu'ils étaient pauvres.

Le vicomte de Turenne, brouillé avec Marie de Blois, mère de Louis II, roi d'Arles, et régente de ses états, envahit la Provence avec des hordes de vagabonds, de voleurs, et d'assassins, en fit un cimetière, et vint menacer Castellanne ; mais cette ville, forte d'une armée de montagnards, qui à l'approche de l'ennemi s'étaient réfugiés dans ses murs, le repoussa vivement.

Turenne avait soif de carnage, il ne perdit pas un temps précieux; content d'anéantir de Boades, Sionne, Taulanne, et de rompre notre pont, il courut se dédommager sur les ruines de Colmars.

L'histoire n'a pas oublié son nom dans celle des bourreaux de son siècle.

Des députés envoyés à la cour du Vatican, obtinrent de Benoit XIII une bulle accordant des indulgences à tous ceux qui feraient des aumônes pour la reconstruction du pont ; les aumônes ne manquèrent pas, la ville s'imposa, et le pont autrefois bâti par les Saliniens, fut jeté tel qu'il est aujourd'hui sur la rivière, comme une œuvre expiatoire.

1348.
Depuis trois ans, la peste ravageait l'Allemagne, l'Italie, la France, etc., etc., les provençaux se précipitèrent en foule sur les montagnes pour éviter le fléau ; Castellanne leur ouvrit son sein, elle s'empoisonna ; dans moins de deux mois, elle n'était plus qu'un vaste hôpital, les vivans enterrèrent les morts, traînèrent les malades et portèrent leur deuil, leurs larmes et leur misère dans les forêts.

Castellanne resta long-temps déserte.

Une ville sans habitans, muette avec des toits, des rues, et des places, où le voyageur tremblant cherche dans un morne silence et découvre les traces du doigt de Dieu ou de la barbarie des hommes, est le tableau le plus triste que le soleil puisse éclairer.

Enfin, les Castellanois, las de souffrir, loin

du foyer domestique, s'en rapprochèrent, finirent par s'y rasseoir, et la petite patrie recouvra ce qui lui restait, de ses hôtes accoutumés.

Le Verdon, grossi par la fonte des neiges et des pluies extraordinaires, n'étant pas encore enchaîné par une forte digue, inonda la ville pendant la nuit, et la plongea dans un péril et un effroi d'autant plus grands, qu'à cet ennemi, la mère pour son fils, et le fils pour sa mère, n'avaient à opposer que la prière et l'espérance.

Les enfans d'Abraham, les Juifs expulsés une fois, par un édit de Philippe II, exploitaient encore la France, un grand nombre d'entr'eux rendirent d'abord quelques services aux Castellannois, dans l'exercice de la chirurgie et de la médecine, mais bientôt ils s'immiscèrent dans les affaires des familles, pénétrèrent leurs secrets, découvrirent leurs besoins, leur prêtèrent quelques pièces d'argent, et sucèrent la dernière goutte de leur sang.

Charles VIII annula toutes les obligations contractées envers eux, Louis XII les chassa sans retour, mais ils laissèrent partout des rejetons: Castellanne eût les siens.

Cette malheureuse ville se soutenait à peine.

Le roi d'Arles, le bon René en fit donation à un grand seigneur napolitain, qui envoya un de ses officiers pour la gouverner, mais les Castellannois regardèrent cette action de leur souverain comme un opprobre, et ne dissimulèrent ni leur douleur, ni leur indignation ; les syndics protestèrent, se plaignirent hautement et sollicitèrent auprès du conseil du roi la décision de cette affaire.

Réné, honteux d'avoir laissé surprendre sa religion, se hâta de rendre aux Castellannois leur ville et en assura l'inaliénabilité par des titres authentiques.

Son successeur la légua à Louis XI.

Sous le règne de ce monarque, le modèle des Richard, des Borgia, etc., etc., le Néron de la France, mais homme de guerre, politique adroit et profond, le premier qui abaissa les grands et consolida le trône des Capétiens, Castellanne parût sortir de son agonie, son commerce prit de l'essor dans le Dauphiné et les côtes de la Provence, ses gentilshommes se firent soldats ; tributaire seulement du chef de l'état, encouragée, elle se livra avec ardeur à la culture de ses champs, et leur demanda des moissons.

Sa juridiction dépendit de celle du parlement d'Aix, ses actes furent rédigés en français, elle entra dans le corps de la nation, et en suivit les destinées.

Le roi des gentilshommes, le Gros Garçon, selon l'expression de Louis XII, gâta bientôt tout. Charles-Quint son rival et son ennemi, se rendit maître de la Provence ; François I, pour conserver intact le cœur de ses états, ou ne pas long-temps exercer contre les troupes espagnoles, son épée qu'il devait briser à Pavie, ordonna une destruction générale : on l'exécuta : les flammes dévorèrent les troupeaux et les moissons : l'homme resta, mais dépouillé, comme un squelette…

Castellanne sans murmurer, sacrifia ce qu'elle possédait au caprice de son souverain.

Un feu secret couvait sous la cendre.

QUERELLES RELIGIEUSES, D'ALLEMAGNE ET LES DIGUIÈRES, PROCESSION DU PÉTARD.

Un schisme préparait l'émancipation de l'esprit humain ; Léon x ayant besoin d'aumônes, fit prêcher des indulgences et vendit le paradis ; un seul homme, Luther, théologien fougueux, prêcha la réforme, appela le pape l'Antéchrist, le roi un tyran, et promit le ciel sans argent : il convertit tout le Nord de l'Allemagne, Henri VIII, roi d'Angleterre, et une grande partie de son royaume. François I, qui tant de fois a fait douter des paroles qu'on lui prête dans sa captivité : *tout est perdu hors l'honneur*, protégeait, stimulait les protestans à Vienne, et les fesait brûler à petit feu, à Paris, pour amuser sa cour et ses maîtresses.

Castellanne, au lieu de s'occuper de ses désastres, s'occupa de religion, elle eut des catholiques et des hérétiques ; **M. de Cailles**, luthérien renforcé, fit venir un ministre de Genève, et construire un temple à côté de l'église paroissiale, dans l'ancienne maison appartenant autrefois à la famille Sauvère, aujourd'hui à M. Audoul. L'autel fut élevé contre l'autel : si la paix ne régnait pas, la guerre n'était pas précisément déclarée ; les femmes l'allumèrent ; tous les soirs elles assiégeaient ou la paroisse ou le temple. Les prêtres plus sensés, priaient, chantaient matines et formaient leur pécule dans une parfaite union.

M. Laurency, avance dans son histoire, que le sang des *Huguenots* coula par la volonté de Dieu, M. Laurency est dans l'erreur, les Castellannois ne perdirent que leur temps, d'après Bouche, Borrelly, Martiny, mieux instruis que ce vertueux ecclésiastique, par leurs longues recherches.

Dans ces divisions de courte durée, deux frères, Antoine et Paul Richieud de Mauvans, de la famille des Latil de Chasteuil, jouèrent le principal rôle ; passionnés pour la réforme, jeunes, vaillans, ils dédaignèrent bientôt le théâtre de Castellanne, pour faire briller leurs armes sur un terrain plus vaste et plus orageux. L'aîné mourut à Draguignan, assassiné par les catholiques ; l'autre, l'épée à la main, en combattant contre Montmorency, lieutenant de Charles IX.

Castellanne se félicite d'avoir été étrangère au drame de la St.-Barthélemy, qui trouve encore des apologistes et excite des *sympathies*.

Les protestans, victimes de persécutions et de cruautés inouies, obtinrent enfin la liberté religieuse et civile, et, par les édits de 1576, des avantages politiques. Mais leurs cendres, celles de l'illustre vieillard Coligny, étaient encore chaudes ; le duc d'Alençon et Henri IV pouvaient les venger : Guise (le balafré) le craignait ; peut-être voulait-il imiter Pepin ou Capet aux dépens du Béarnais, héritier présomptif de la couronne. Digne de l'être et par son audace et ses talens, il se fit chef de parti : la sainte ligue se forma et les massacres recommencèrent.

D'Allemagne et Lesdiguières, descendans des anciens barons de Castellanne, voyant une occasion favorable pour conquérir leur héritage, marchèrent sur cette ville avec une armée de provençaux et de dauphinois protestans. Le faubourg St.-Michel leur parut trop bien fortifié pour l'attaquer sur ce point. Divisés en deux corps, ils traversèrent la rivière et campèrent sur le mamelon de Rayaup et dans la plaine St.-Lazare ; deux jours après ils donnèrent l'assaut. Les assiégeans manquant de tout dans une saison rigoureuse, se battirent avec acharnement, les assiégés sentant pour leur salut le besoin de les repousser, se défendirent avec désespoir ; les montagnards, qui s'étaient retirés dans la ville, portèrent les coups les plus rudes ; les femmes, comme les Rochelloises, se montrèrent les émules de leurs maris.

Le lendemain, un capitaine nommé Motte, accompagné de quelques braves, trompa la vigilance des sentinelles, et pénétra dans la ville par le quartier de la Merci. Sous la porte des Bœufs, un cuvier jeté d'une fenêtre par une Castellannoise, l'écrasa ; sa troupe, saisie d'une soudaine terreur, mit bas les armes. D'Allemagne et Lesdiguières, plus stupéfaits que découragés, levèrent le siége et la ville chanta victoire. Les syndics délibérèrent d'enthousiasme, qu'il serait fait toutes les années une procession solennelle. Elle a lieu le dernier jour de janvier.

Par un froid cuisant, un tambour, droit comme un pin, l'oreille sur l'épaule, ouvre la marche ; les confréries, les congrégations des jeunes filles, tous les corps de métiers, le suivent avec leurs bannières et les images de leurs pâtrons ; l'échevin et son acolyte, ceints de l'écharpe, tantôt fleurdelisée, tantôt tricolore, viennent après, marchant d'un pas presque magistral, escortés de leur petite cour, formée par le scrutin populaire ; ce moule de tant de médiocrités. La queue municipale, à défaut d'autres insignes, porte sur la boutonnière d'un habit-veste, un bouquet à trois rangs de rame, en buis, garni de grains de blé de turquie, épanouis dans le feu, attachés avec de la cire d'Espagne, formant de beaux boutons blancs et des fleurs d'oranger : un prêtre en grande tenue fait les oraisons. Dans toutes les rues et surtout à la porte triomphale, deux chefs de lutrin, à mine réjouie et rubiconde, en bas de soie, en habit cramoisi et chapeau triangulaire, surmonté du *rameau* de buis, *panache d'ordonnance*, poudrés jusqu'aux dents, les bésicles sur le nez, chantent des couplets burlesques dont une trompette criarde répète le refrain.

Après la sainte messe, la garde qui veille à la sûreté de la ville, rogne au budget, cette fois seulement, un repas de *famille*.

CALAMITÉS DE TOUTE ESPÈCE.

Castellanne vit s'écouler environ cent vingt ans dans un état assez calme; elle en profita pour réparer ses malheurs, elle réussissait, mais ses jours ne devaient pas être long-temps sereins; l'hiver rigoureux qui se fit sentir, en 1709, sur tous les points du globe, la replongea dans l'abattement et la misère, par l'interruption de son commerce, par la destruction de tous ses arbres et de ses vignes. Sa rivière resta glacée pendant plusieurs mois.

1709.

1710.

L'année 1710 ne lui fut pas moins funeste. La famine qui désola la nation, et surtout la Provence, la mit aux abois. Dans cette circonstance, les de Bon, les Lamotière, les Lieutaud, les Sainmartin, les de Brénon, les Paty, les Simon, les Marie, les Collomp (du faubourg), les Audoul, les Berard (de la Tour), les du Poil, les Martiny, les Laurency, les Ardoin, etc., etc. méritèrent l'estime et la reconnaissance de leurs compatriotes, en leurs partageant, comme des pères de famille, leur bourse et leur pain. La ville souffrit, mais elle n'eut à reprimer aucun désordre, à déplorer aucune perte.

1712.

Un mal plus dangereux ne lui permit pas de prendre haleine : l'épidémie qui régna en 1712 lui déchira le sein, l'invasion dans les beaux jours d'automne en fut prompte, les ravages terribles : les tranchées tinrent lieu de tombe pendant une semaine ; ceux qui survécurent gémirent sur des crêpes, des veuves et des orphelins.

1713.

Le Verdon, toujours mal fortifié, se joignit à ces fleaux, gonflé par les pluies de septembre, il inonda, en 1713, la ville et la plaine, ses eaux s'élevèrent jusqu'aux plus hauts étages des maisons, en chassèrent les habitans, y firent de grands dégats, submergèrent une partie des bestiaux et bouleversèrent toutes les campagnes.

Heureusement ce déluge se manifesta avant la nuit.

Un père de l'oratoire, M. Quesnel, publia en 1720 un ouvrage intitulé *Réflexions Morales*, sa doctrine dépouillée de tout mystère, saine, évangélique, remua les chaires des évêques, agita les bonnets de la Sorbonne et la Tiare du palais Romain, elle occupa un moment les Castellannois et leurs ministres, les femmes se menacèrent sans en venir aux mains.

La paix ne fut pas troublée.

La victoire avait abandonné, en 1747, le maréchal de Maillebois et le comte de Lamina, qui commandaient en Italie, l'armée de don Philippe, le premier à la tête des Français, le second à la tête des Espagnols. Le canon de Plaisance les fesait reculer jusqu'en deçà des Alpes, mille de leurs soldats, presque nus, la plupart malades, s'établirent à Castellanne et l'épuisèrent; ils en sortirent pour céder leur place à l'ennemi, aux troupes piémontaises et autrichiennes qui les poursuivaient. Cette nouvelle garnison aurait réduit notre ville à la dernière extrémité, si quelques bataillons alliés, arrivant au pas de charge par le chemin de Riez, ne l'en eussent débarrassée. Castetellanne embrassa ses libérateurs, et se confia à la fortune qui ne cessa plus de lui être fidèle.

RÉVOLUTION DE 1789.

> Toutes les bonnes maximes sont dans le monde, il faut savoir les appliquer
> PASCAL.

Les guerres ruineuses de Louis XIV, Versailles, la grande sangsue de la nation, la révocation de l'édit de Nantes, les débauches, le despotisme dégradé de Louis XV, la suppression du parlement, l'émancipation de l'Amérique, la pusillanimité de Louis XVI, l'arrogance de sa Cour, l'école d'une philosophie souvent tribunitienne depuis long-temps ouverte, et plus que tout cela, les lois éternelles de la nature fesaient présager une révolution : elle éclata ; générale, électrique, foudroyante : ses principes étaient bons, ses excès devinrent sans bornes, nageant dans le sang, elle fatigua ses bourreaux.

Le bruit en retentit jusqu'à Castellanne : deux hommes en furent frappés : riches, ils se dévouèrent de bonne foi, à l'œuvre de la régénération sociale : heureux de laisser Castellanne vierge de la moindre tâche, ils se retirèrent pauvres : exemple rare ! bel éloge ! qu'ont mérité **MM.** Louiquy et Poilroux ; l'un éclairé, judicieux, prudent, timide même dans sa fuite, l'autre génie ardent, vaste, orateur puissamment populaire, caractère inébranlable, arrêté dans l'exercice de ses fonctions. M. Poilroux a été inaperçu ou mal jugé, il était né pour de grandes choses, le théâtre lui a manqué ; que ne lui doit-on pas comme médecin, comme le fondateur d'une banque alors utile, comme le soutien de l'indigence ! a-t-on oublié que, dans un temps de détresse, il a alimenté avec ses farines tout l'arrondissement !

Castellanne eut son représentant dans nos assemblées nationales ; le citoyen Barrière, admirable républicain, si c'est à son patriotisme qu'il a sacrifié le soin de sa famille et de sa fortune : il est fâcheux pour sa réputation que le 18 brumaire, à la vue des grenadiers de Lefebvre, cachant comme bien d'autres les marques de sa dignité, il n'ait pas été des derniers à se sauver par les fenêtres de St-Cloud.

Des contributions seulement avaient été levées sur quelques familles, entr'autres les familles Collomp et Martiny, les opulentes de ce temps là, les deux trésors du faubourg et de la ville.

Les fruits de la révolution furent donc pour Castellanne, faciles et doux, elle n'avait point de larmes à sécher, point de plaie à cicatriser, point de niveau à passer sur sa noblesse, qui ne se composait que de bourgeois bien affables, bien sobres, bien simples, se contentant du privilége de porter perruque et manchon, le soulier à boucle et de se promener gravement sur la place publique avec la canne à pomme d'or.

Le mouvement étant prompt ; des écoles s'ouvrirent, le laboureur s'attacha à la charrue, l'ouvrier à ses outils, on vit les communications s'étendre, les marchés, les foires se peupler, les denrées prirent de la valeur, l'argent circula, le luxe marcha de front; tout changea de face.

Comme les idées politiques de Castellanne se bornaient presque alors à l'instinct du droit commun, elle ne s'aperçut pas de l'ombre futitive de la république, elle passa, sans le savoir, des verges du consulat sous le sabre de l'empire : française, elle applaudit à sa gloire.

Sous la magistrature de M. Collomp, aussi intègre et sage, qu'original et lourd, le Stentor du parquet, fesant avec sa voix de *tonnerre* plus de peur que de mal, exempte dans son isolément de l'aristocratie militaire et de l'absolutisme clérical, Castellanne flotta entre la servitude et la liberté. Des familles nouvelles, peut-être trop tôt riches, remplacèrent les anciennes, la masse entra dans l'aisance, s'éclaira et grandit, tranquille, respectée ; avec quelques gouttes de sang de moins sur l'autel de la patrie, elle aurait été heureuse. Mais la disproportion de ses impôts était révoltante : point d'améliorations, ni au dedans ni au dehors, ni pavés, ni chemins, ni routes, pas même un hôtel de ville : ce n'était pas étonnant : Castellanne avait pour conseil municipal, pour maire, pour représentans, des gens débonnaires ou des automates, pour greffier, un intendant des finances, pour sous-préfet, un capitaine de recrutement ; M. Francoul a battu monnaie pendant quinze ans avec la hâche de la conscription : c'est une honte pour le pays.

Au commencement de l'empire, Castellanne porta le deuil de l'abbé Laurency : modeste, plus que frugal, sensible jusqu'aux larmes, toujours sur les traces de la pauvreté et de la douleur, au milieu de son troupeau, comme un père au milieu de ses enfans, souriant quelquefois à nos plaisirs, créature béate, le patriarche de Castellanne, le véritable apôtre de l'évangile, ce code de toutes les vertus hélas ! trop oublié ! l'abbé Laurency semblait avoir compris son passage sur les Alpes, comme un dévouement perpétuel.

Prêtres d'aujourd'hui ! pourquoi feignez vous d'ignorer une si belle vie ! tous les jours, à toute heure, dans toutes les bouches, vous entendez pourtant encore, après vingt-cinq ans, le panégyrique de notre Vincent de Paul ! ! quel autre modèle vous faut-il !

Nom sacré ! tombe sainte ! tombe à jamais vivante de l'abbé Laurency, recevez ici les hommages des Castellannois ! !

A Castellanne, pendant et après l'empire, l'abbé Bernard, principal du collége, avec son bagage d'auteurs romains, a été, sinon un brillant, du moins un utile flambeau.

MM. Poilroux et Eméric, se sont fait remarquer dans les sciences ; la collection de plantes et de phénomènes de celui-ci est très précieuse, le traité de celui-là sur les maladies chroniques, quoiqu'il n'ait pas survécu au système de Broussais, et son autre traité sur la médecine légale sont deux excellens livres.

Castellanne ne compte pas de sommités militaires, mais elle a eu ses soldats : les frères Andrau, les Latil, les Chauvin, les Cruvellier, les Berrin, etc., etc. Collombet était à *Héliopolis*, le brave Bérard, sur le mamelon d'*Austerlitz*, Abos, cet intrépide voltigeur, aux funérailles du *Mont St.-Jean*.

Castellanne sur l'échelle de la civilisation et de la prospérité, se frayait la voie du perfectionnement : les Bourbons parurent ; elle ne les connaissait pas : la nouveauté l'éblouit, elles les salua avec enthousiasme ; mais le *prisonnier* des rois avait rompu son *ban*.... Castellanne le vit ! elle le vit ! palpitante de crainte et d'espérance, muette d'admiration pour le grand homme, et de respect pour les reliques d'une famille de braves ; l'aigle meurtrie ! qui sur quelques fronts d'acier, voyageait encore radieuse et menaçante, de l'île d'Elbe à Waterloo ; Waterloo ! cruelles Thermopiles ! où *ce cri de l'im-*

1815.

mortelle garde, s'enveloppant de son drapeau : *elle meurt et ne se rend pas*, annonça à l'Europe que les Prussiens et les Cosaques allaient avec Louis, monter sur le trône de France.

Toutes les phases, la ligue, la fronde, quatre vingt-douze, le neuf thermidor, le dix huit brumaire, Napoléon, mil huit cent quatorze, les cent jours, époques de secousses, de changemens et de réactions, ont trouvé et laissé Castellanne calme, paisible comme un réduit impénétrable aux rayons de la lumière, comme un rocher isolé que la vague ne blanchit même pas de son écume.

C'est de l'histoire d'une grande société la page la plus honorable.

Des Français accusés de crimes politiques, coupables peut-être d'être trop riches, ou trop sages, ou d'avoir acquis trop de gloire, tombaient en mil huit cent quinze, frappés par les commissions militaires, les cours prévôtales et les sicaires du midi.

A Castellanne un sous-préfet nouveau : voilà tout.

Celui de l'empire était petit de taille, celui de la restauration était grand : le premier aurait voulu enfermer la ville dans une giberne, le second dans un confessionnal.

M. du Villars, délicat, bon chrétien, trop timide pour un administrateur, n'a fait ni bien ni mal. On lui a su bon gré de sa retraite volontaire de mil huit cent trente, celle d'un serviteur prudent et fidèle.

M. Simon, honnête et zélé Castellannois, n'a porté que peu de temps l'écharpe.

M. Paul, son successeur, du sang le plus pur, aimant son pays, en étant aimé, suivait la pente.

Cette administration a lieu de s'énorgueillir d'une fontaine sans eau, d'une maison d'arrêt d'où les prisonniers s'échappent, *hissées*, *bâties* à grands frais, comme un *obélisque* et un *donjon*, de quelques pelletées de gravier sur la place publique, d'un peu de ciment à ses bancs de pierre (ce parterre, ces fauteuils, d'un procureur vermoulu, ou de Messieurs les bureaucrates, heureux faineans du siécle), et de l'installation de deux religieuses brodant l'éducation des jeunes filles de nos artisans, le plus souvent enfilant des perles.

Dans ce temps là, l'asile de l'infortune, que la pauvreté même avait doté, que les barbares du moyen âge auraient respecté, l'autel de l'humanité, l'hôpital pillé, a manqué de bouillon pour le malade, de lait pour l'orphelin... les Castellannois se rappelleront toujours avec horreur le massacre des innocens....

MM. Taxil et Molé, comme procureurs du roi, ont laissé d'agréables souvenirs.

Les mouvemens rétrogrades que l'on veut

faire subir trop brusquement à une société, sont tôt ou tard pour elle le principe de son éducation, la cause de ses plaintes, le signal de sa liberté.

Les exigences, l'orgueil des prêtres, les masques de l'hypocrisie, le besoin du silence et de la contrainte, tout le soufle enfin des jésuites de Forcalquier, mécontentaient intérieurement Castellanne.

Elle ne voyait pas sans peine la morgue et l'égoïsme des commis du gouvernement, elle murmurait contre la vilité du prix des denrées, la rareté de l'argent et l'impôt toujours mal réparti, toujours écrasant.

Commençant à écouter les échos de la presse, elle formait son opinion et prenait part aux combats que les ministres de Charles x livraient aux libertés de la France.

La foudre grondait au lointain, son éclat devait amener un bel astre.

RÉVOLUTION DE 1830.

> L'homme sème, mais il
> ignore s'il récoltera.
>
> MACHIAVEL.

Des triumvirs déchirent la loi des lois, le pacte de la nation et de son chef, ils jettent comme des brandons dans le sein de la patrie, les terribles ordonnances : des ordonnances ; une poignée de Parisiens fait des cartouches ; frappe, l'arme au bras, aux portes du palais d'Henri IV, en chasse le royal locataire, et monte à son tour la garde, sous l'uniforme de la pauvreté, devant ces façades superbes qu'elle a criblées de ses balles.

Les trois soleils de juillet, épisode merveilleux de l'histoire de quarante siècles, épuiseront la postérité d'admiration ; éternellement ils donneront au nom français des vertiges d'orgueil......

Quelle est belle cette révolution ! pas un fil d'or ! à ses pieds elle a du sang ! mais ! c'est le sang de ses héros !

Au vaisseau de l'état il ne manquait qu'un pilote, des ex-députés proposent, les uns, le fils de la légitimité, les autres le fils de L'HOMME, cette image, ces restes de l'Hercule qui a terrassé le monstre de l'anarchie et chargé la France de trophées ; le plus grand nombre, le fils du plus infortuné des républicains, l'élève de l'école du malheur, le père de ces jeunes princes, qui dans le faubourg St.-Jacques, confondus, sur les bancs constitutionnels, formeront pour la France, une Odyssée d'illustres guerriers et de grands rois : c'est le premier rameau de la branche cadette; c'est le duc d'Orléans.. mais les vainqueurs de la veille, encore noircis de poudre, mutilés; mais les mânes des cercueils du Louvre encore hâletantes, sont là : Lafayette, le génie du jour, prononce avec sa voix magique ces solennelles paroles... (*Un trône entouré d'institutions populaires*), et la couronne de France, la plus belle de l'univers, se trouve suspendue, par enchantement, sur la tête de Louis-Philippe; il la reçoit comme la couronne du martyre, comme celle de Titus... La France voit pourtant s'agiter dans les airs une nuée de ces harpies qui, lorsqu'elles s'abbattent sur une nation, l'entr'ouvrent, s'y incarnent et la dévorent... la France frissonne....

Le char de la liberté, lancé sur la poussière d'un trône, vole plus rapide que l'éclair; traversant le Tibre et le Rhin, il a déjà effleuré l'Italie, remué la Belgique, il résonne partout, il brûle le sol de la Pologne...

Une main sacrilége... le lion du nord l'arrête..... il recule..... et s'abime sur des tombeaux.... la France gémit.....

Une grosse larme, celle des peuples ! sillonne sa poitrine.... mais à l'instant un voile épais, où s'entrelacent des chaînes de fer avec une guirlande de roses, tombe en longs plis, et la France encore émue murmure, mais en vain, ces mots ; gloire, bonheur, liberté...

A la nouvelle des ordonnances, Castellanne frémit... quelques énergumènes les appelèrent les bienfaits d'un Bourbon ; rêvant des listes de proscription et des tribunaux exceptionnels, ils s'embrassèrent dans les rues : un mouchard, le mouchard banal de toutes les autorités, avait déjà signalé les *suspects* ; sur sa dénonciation, une parole patriotique devait coûter cher à un brave militaire *(Garrus)*.

Mais on apprit, heureusement ! la victoire des écoles ; les lâches rougirent, la ville tressaillit et leur pardonna : les caméléons changèrent de couleur.

Le lendemain, à la faveur de la cabale, on vit un mirmidon sorti d'une ornière grandir par l'épaulette et le ceinturon ;

Un valet étouffer d'arrogance, surtout lorsque, pour la première fois, il déploya, dans un salon quasi-ministériel, les basques de sa nouvelle livrée ;

Un fétus mal-conçu éclore *au chant du coq*, après dix ans de génuflexions, de larmes, d'incroyables efforts, etc. ; ce *phénomène*, troué hier par la misère, débiteur de toutes les personnes charitables qui l'ont connu, de quelque croutte de pain, est riche aujourd'hui, d'une pluie de successions, de testamens, de *maisons de campagne*, de pensions d'une *honorable retraite*, etc., il est heureux depuis les pieds jusqu'au front.

L'esprit ne sachant plus où se loger s'est niché dans son pauvre cerveau; petit Bussy-Rabutin, il excelle dans le style épistolaire; ses lettres anonymes à Cagnes et à Marseille ne sont pas mal tournées, elles ont pourtant besoin d'une *correction*, je les ai sous les yeux. Avec son air patelin, son langage doucereux, ses protestations d'amitié, de désintéressement et de bonne foi, avec ses jactances de fortune, que de victimes!! et il est à une bonne école! et il est encore jeune! et il s'est fait rat d'église!

Si au moins il ne calomniait pas, s'il n'immolait pas sa propre sœur... Jusques à quand sera-t-il sourd à la voix de sa mère qui, du fond de la tombe, lui crie, Caïn! qu'as-tu fait de ma fille!!!....

Que dire du coryphée, de *l'introuvable* qui donne vingt écus à un commis, mange les légumes de son fermier, son *grand officier de bouche*, s'arrondit avec des chiffres, et se dandine à cheval.

A la vérité, *fashionnable* de soixante ans, il

porte quelquefois un pantalon moderne, mais pour que certaines mains ne ternissent pas ses guinées, ses beaux *napoléons*, il ne confie l'enveloppe de ses formes mesquines qu'aux ciseaux des artistes de la capitale.

Si Monsieur était un peu plus poli, un peu plus souvent visible! Il lui sied bien de singer le proconsul!

Pour moi, je l'ai toujours pris pour un mandarin ou un *chevalier postiche*: en effet, sur la boutonnière de l'habit bariolé des trois couleurs, à côté d'une épée, sous le petit CHAPEAU, qu'il est pâle ce morceau de ruban rouge! qu'elle est triste cette fleur de la gloire qui ne s'épanouit plus que dans un carton, que l'on ramasse dans les corridors des antres de la police!

Castellanne a gagné dans la révolution de juillet, la mutilation des arbres de sa place publique, un impôt sur la plus petite de ses lucarnes, la destitution d'un pauvre geolier due à un espion autrefois jaloux de son emploi, une centaine de pavés qui lui ont coûté, dit-on, bien des mille francs, un malaise général, des troubles et des procès.

C'était le dix-sept février mil huit cent trente cinq, en temps de carnaval: le ciel étoilé, la lune radieuse, de tièdes zéphirs rappelaient les poétiques soirées d'automne. Au bruit de l'enclume, aux fatigues de la charrue, avaient succédé le repos, et les libations du vin généreux de Lorgues, sur les tables de nos campagnards, surtout de notre *bourgeoisie*.

L'horloge de la ville venait de sonner la huitième heure, et de donner le signal du spectacle le plus ravissant que Castellanne eût jamais vu : deux veufs, veufs pour la troisième fois, respirant les parfums d'un *myrte* nouveau, savouraient encore les charmes de l'amour, malgré les ravages du temps : tout-à-coup, quelque chose de suave, de mélodieux, d'angélique ; puis des accens pleins, vibrans, rendent hommage aux fortunés et courageux époux, répandent dans tous les quartiers de la ville, une volupté, une joie indicibles.

Attirés par les lyres de nos orphées, l'homme octogénaire, appuyé sur sa béquille, descend, de sa demeure, la femme pieuse, dans l'extase, sent expirer sur ses lèvres, la prière au Seigneur ; ô merveille ! un financier passe de la réalité du budget dans le monde idéal de la musique !

Jeunes vieillards, cacochimes d'âme et de facultés, qui, vous mirant dans un coffre-fort, ne psalmodiez que des airs métalliques ; détracteurs, implacables ennemis de la gloire des grands maîtres, nos modèles ; osez-vous appeler avec dédain les concerts castellannois, des charivaris ; quel blasphème ! J'avoue que la finale de celui de l'année passée, était, d'après les règles de Rossini et de Bellini, un peu hardie, précipitée, bruyante; aussi M. le maire, fier comme un cent-suisse, roulant sur les virtuoses un regard d'épervier, leur ordonne de changer de ton; aussi un gendarme paraît comme un nuage, un beau jour de fête, *empoigne* le chapeau-chinois et menace la grosse caisse de son sabre.

Pauvres artistes! ignoriez-vous que le talent est aujourd'hui persécuté! que la médiocrité seule prospère et fait du *bruit!*

Demain vous subirez la loi commune... Vous serez obligés de croiser vos flûtes et vos archets contre les carabines de six brigades...

Qu'opposerez-vous aux vétérans de Digne, aux soldats d'Antibes? l'indignation de vos compatriotes! les larmes de vos mères!

Que l'on se représente un bataillon de ces machines humaines, qui au moindre signe marchent, au mot fatal, fusillent, des chevaux qui piaffent, des torches qui font de la ville un incendie, des enfans qui agitent des instrumens, et on rira de pitié.

Que l'on se représente des gens en délire, la banderole sur les reins, la menace à la bouche, une population exaltée, se pressant, trépignant, une haie de baïonnettes, et on pleurera de douleur.

C'est ce qui est arrivé à Castellanne.

Le dix-sept février mil huit cent trente cinq; cette ville a été mise en état de siége.

Depuis deux mille ans, elle n'avait pas encore essuyé un pareil affront.

Honte à quelques étrangers! à la fange dont ils étaient pétris, ils ont ajouté une tâche dont ils ne se laveront jamais!

Castellanne les avait adoptés; elle les renie, et moi je les frappe au visage....

La ville, victorieuse par sa modération et sa générosité, a célébré cet événement par une réunion mémorable, cent compatriotes, jeunes et vieux, riches et pauvres, cent amis, cent frères, ont fait un repas de famille :

Un *demi-savant*, écrivain de race bâtarde, *espèce de folliculaire*, qui a pris un moment sa plume pour un oracle, parce qu'il l'a salie en la trempant dans son âme, qui s'est cru un très grand, un très puissant, un très haut personnage, parce qu'il s'est quelquefois chaussé sur des talons d'une imposante couleur, malheureux d'avoir déchiré de ses propres mains l'enveloppe empruntée, séduisante et mystique sous laquelle il s'était déguisé, et de n'être plus aujourd'hui que la triste image de l'eau qui, commençant à entrer en ébullition, s'évapore peu à peu et ne laisse rien au fond du vase, l'appelle repas de *famille*, mais c'est ironiquement.

Qu'entend-il ce *mort-né* par famille ?

Dix Harpagons ! vingt Janissaires ! trente Pilades contre un Oreste !

Des vampires s'abreuvant du sang du pauvre !

Une sainte-alliance voulant tout pour elle, places, argent, etc., etc., et ne voulant rien pour les autres ; se battant les flancs, se tordant les nerfs, écumant de rage, forgeant tout ce que de basses manœuvres ont de plus perfide, tant qu'elle ne voit pas loin d'elle ce qu'il y a encore d'hommes probes et libres qui lui font ombrage, qui entravent son système de centralisation!!!

Entend-il une camarilla ?

J'en connais une......

Elle rugit.....

Un tartuffe, qui sans cesse remue un boisseau d'hosties, fait le signe de la croix, et regarde le ciel, en est le chef, le génie, le *fantôme* inévitable...

Vers la fin de l'année mil huit cent trente-cinq, Castellanne a été témoin d'un spectacle également déplorable. Après une lutte longue, immorale, indécente, son premier pasteur a été révoqué, il ne devait pas l'être, aux termes du concordat, sans un jugement basé sur une enquête : que la ville se félicite de ce que cette enquête n'a pas eu lieu : s'il est innocent, M. Isnard, par sa résignation, aura un trait de ressemblance avec les martyrs, s'il est coupable, l'humiliation est pour lui plus qu'un devoir. Ils trahissent leur conscience, ceux qui lui imputent la cause de bien des mésintelligences. Que les dépouilles de cet ecclésiastique ne servent pas de manteau à autrui : il a déjà assez de torts. La ville lui reprochera de n'avoir pas osé, ou de n'avoir pas voulu saisir le véritable point de sa défense, et d'être sorti de sa coquille, en étant trop charitable envers des gens qui, dans le malheur, l'ont abandonné, dénigré, poursuivi.

A cette occasion, Monseigneur l'Evêque de Digne, malgré son grand âge, s'est transporté à Castellanne pour faire entendre des paroles de paix dans l'intérêt de l'église. Le vénérable prélat n'a pas recueilli de son voyage tout le fruit qu'il en attendait; aussi, sous le poids d'une noble afliction, il a été peu sensible a l'encens de ces hommes qui, à la moindre occasion, se courbent devant le parti qu'ils croient le plus fort.

Monseigneur n'a pas moins donné, avec une admirable bonté, les bénédictions qu'on lui a demandées à chaque pas: son allocution sur les sept péchés capitaux lui a paru faire une impression salutaire; mais, le saint homme! il n'était pas encore sur sa douce monture, que déjà les incorrigibles, riant sous cape, allaient leur train.

On ne peut pas s'occuper un moment de Castellanne sans signaler ses besoins, et indiquer quelques moyens d'amélioration, même de prospérité.

Sous l'abbé Bernard, lorsque dans nos montagnes l'instruction avait moins de prix et par conséquent les études moins de développement, le collége, dont la position est si favorable, a compté jusqu'à vingt pensionnaires et soixante externes. Aujourd'hui à peine aperçoit-on dans la cour, deux écoliers qui meurent d'ennui, au bout d'une galerie, un professenr qui fait son surnumérariat, et dans le jardin, le principal qui plante des *choux*.

Pourquoi cela?

Parce que certaines gens ne veulent pas que les lumières contrastent avec leur ignorance.

Parce qu'un chef capable est découragé, tracassé.

Parce que l'académie ne nous enverra jamais que son rébut.

Voyez l'honorable M. Jouve! quel beau titre à la confiance, à l'estime, à la reconnaissance publiques! il amène comme un père de famille, de la ville d'Arles, dix jeunes élèves et d'excellens collaborateurs.

Quelle honte pour ces hypocrites qui, à les

croire sur parole désireraient à Castellanne une *Sorbonne*! ou froisse, on entrave M. Jouve, on lésine ; M. Jouve part, suivi de son fidèle troupeau, va à Grasse, et Grasse s'en glorifie.

A Castellanne, ville frontière, aux portes du Piémont, qu'elle serait bien placée une garnison de cent cinquante soldats! elle lui vaudrait toutes les années un trésor, de soixante mille fr., et ce trésor se répandrait dans la classe la moins aisée ; que d'occasions n'a-t-on pas laissé échapper pour l'obtenir! aujourd'hui même, on réussirait si on fesait une demande sérieuse.

Mais c'est un arrêt irrévocable ; les bourgeois n'en veulent pas, mollement étendus sur des coussins pas toujours garnis de leurs plumes, autour d'une table servie à bon marché, ils craignent que leur sommeil ne soit troublé, qu'ils ne paient un poulet cinq centimes de plus.

Où loger ces cent cinquante hommes?

Dans la maison de M. Gras ; dans la maison d'arrêt, aérée, commode, mal située sur la place publique, trop vaste pour quelques détenus que l'on doit enfermer dans les chambres qui envisagent le Verdon.

Il y a déjà assez de tristesse pesant sur les journées d'un prisonnier, sans les assombrir encore par le voisinage d'un lieu que les jeux et la liberté ont choisi pour leur théâtre, par la vue d'un dénonciateur, par celle d'un magistrat irréprochable, il est vrai, mais de la justice duquel la conscience bonne ou mauvaise du malheureux se plaint quelquefois.

A ces réflexions, une autre se rattache.

Ce qui demande le plus de solitude, le plus de respect, la couche des trépassés, le cimetière est à l'extrémité de la place publique à deux pas de plusieurs maisons habitées et d'une fabrique. Au milieu des inconvenances et du bruit, on est obligé pour y parvenir de traverser une partie de cette même place: où trop souvent hélas! retentisssent les coups de la bêche du fossoyeur..... Sous la restauration; horreur!! j'ai vu; qui ne la pas vu! qui n'en a pas gémi! j'ai vu, dans ce sanctuaire, sans porte, sans murs, sans croix, des animaux domestiques errer comme dans un pré, fouler aux pieds des cendres, les jeter au vent, arracher la plante sacrée qui avait pris racine dans les entrailles d'un cadavre.....

Mais où trouver un autre emplacement ?

Castellanne n'en manque pas.

Mais l'éloignement? quelle raison! l'homme a t-il jamais fléchi sous le poids d'un cercueil!

Le prêtre, rendons lui cette justice, s'est-il jamais refusé à faire pour un mort quelques pas de plus!

Et ces deux fontaines toujours sèches, objets de tant de réclamations pour le pays, de dérision pour l'étranger! depuis que l'on travaille, que l'on paye pour elles, elles devraient être celles de Pétrarque, l'eau devrait en couler argentée.

La vieille source est ingrate ; me dira t-on ? Abandonnez la vieille source, l'urne de Notre-Dame, celle du Verdon seront plus *reconnaissantes*.

Mais nous n'avons plus de fonds ?

Je le crois bien ! la ville s'imposera.

Lorsque nos grands propriétaires, lorsque nos autorités ouvrent le sac à leurs fermiers, tendent la main au gardien des finances pour en recevoir un blé bien propre, bien beau, des écus bien luisans, il leur importe fort peu que le malheureux qu'ils tutoient, qu'ils appellent paysan, perde dans la poussière ou la boue son peu de grain, et voie ses meubles vendus à l'encan aux poursuites et diligence du percepteur des contributions.

Les aires publiques sont un puits ; on ferait bien de les paver.

Daigne l'administration actuelle, ne pas *mépriser* ces courtes observations ! la ville applaudira.

DESCRIPTION DE CASTELLANNE.

Castellanne. chef lieu d'arrondissement, limitrophe du département du Var, d'une population de 2,100 ames, est située sur un terrain spacieux, dont une colline, la montagne de Destourbes et le Roc forment une espèce de berceau : ses maisons régulières, ses rues larges et propres, une très belle place publique, qu'ombragent des platanes et des ormeaux, qu'environnent des édifices et des hôtelleries, qu'embellissent des jardins et des promenades, un ciel d'azur, un climat tempéré, ne font pas envier à ses habitans de plus agréable séjour. Ses campagnes sont nombreuses, fertiles et pittoresques. La lisière des coteaux d'Angles, du Serre, de Balaud, de la Colle, de Brans, s'étend au loin et s'abaisse en étages, comme un promontoire, jusqu'au rivage du Verdon. D'un côté, les moissons y flottent en gerbes dorées, les branches de la vigne grimpante s'y marient et tombent en festons ; de l'autre, une pépinière d'amandiers, des vergers, le figuier, et sur un point élevé, aride, un pin... nu... Devant vous : une pelouse de verdure et la brise d'une onde fraîche ; plus loin, un sentier sauvage et des flots gémissans.

La plaine des *Listes*, bordée de peupliers, coupée par mille chemins, dessine un labyrinte de petites iles, émaillées de fleurs, parsemées de prairies ; ici les fruits les plus utiles, et une cabane, là un enclos, un champ et la *bastide*, partout des ruisseaux qu'un même canal distribue ; des bois de pommiers, de pruniers, de poiriers, le chant des oiseaux, un air embaumé, ravissant, extatique.

Comme une nuance à ce tableau, l'œil enchanté découvre à peine, à l'extrémité, une galerie de gros arbres *verneux*, dont l'écorce épaisse et tendre reçoit un jour d'été, entre les rayons du soleil couchant, des soupirs, des sermens, des chiffres amoureux; lieu de solitude, de promenades, de rêveries classiques et romantiques : enfin la plaine des Listes est toute une nature riante de la haute Provence, dont chaque famille castellannoise a un lot.

La plaine de *Notre-Dame*, sa voisine, séparée d'elle par le chemin de Riez, est moins gracieuse, plus resserrée, mais plus fertile.

La plaine de la *Palud* s'allonge et s'élargit, la plus grande, la plus riche, la plus noble, divisée, bien assainie, cultivée avec soin, elle serait la nourrice de toute la ville. Il y a quarante ans, nos gentilshommes sans vassaux, qui s'aimaient, qui nous aimaient autant que nos bourgeois en herbe nous haïssent et se détestent, fesaient de ces maisons de campagne leur rendez-vous, leurs lieux de plaisance, où nous étions cordialement admis.

Castellanne voit enfin s'ouvrir devant elle, grâces aux besoins du gouvernement, la grande route de l'Italie à la capitale. Déjà les ravins sont comblés, les rochers mis en poudre, les ponts suspendus ; bientôt le voyageur dans son carrosse ne s'effrayera plus, comme autrefois, à pied, des précipices affreux du *Mont St.-Pierre*, que Napoléon, indigné de l'inexécution de ses ordres, abandonnant son artillerie, fut obligé en mil huit cent quinze, de gravir comme un autre St.-Bernard.

Point central des villes de Draguignan, de Grasse, de Riez, de Digne, Castellanne va devenir l'entrepôt des productions de la montagne et des richesses de la Provence. Ses foires, déjà si belles, s'animeront d'un commerce nouveau ; ses hôtelleries seront le lieu de halte, ses marchands, les fournisseurs de la foule des étrangers.

Elle a des fabriques de cire, de cuirs, de chapeaux et de draps.

Les Castellannois sont babillards, légers, mais doux, très hospitaliers, très humains.

Le bourreau ne les a jamais frappés.

Comme si la meilleure patrie n'était pas celle qui donne le meilleur pain, ils sont inséparables de leurs toits ; ils négligent, avec une insouciance coupable, tout ce qui tient à leur repos, à leur liberté et à la progression de leur bien-être.

A leurs yeux, l'enfant est déplacé à l'enseignement mutuel, ce banc commun, ce marchepied de toutes intelligences

Entre leurs mains, le système électoral, qui quoique très imparfait, est le règne de l'opinion et notre sauve-garde, sert d'instrument à l'ambition d'une minorité.

On les voit exhaler leur bile pour un église, prendre parti pour un prêtre.

Qu'ils sachent que le temple de Dieu est bien partout : et que c'est à la religion et non à l'homme qu'ils rendent hommage, qu'ils ne doivent jamais les confondre ; que celui-ci n'est que trop souvent l'esclave du vice, et que celle-là est toujours la même, toujours la fille du ciel...

Dans tous les temps, les dogmes ont divisé, ensanglanté les nations ; le ministre jamais ! une société sort de son assiette, rampe et s'avilit, lorsque pour un seul et pour une pareille cause, elle se partage en deux camps.

Au lieu de se former à un esprit d'opposition mesurée, sage, compacte, et de résistance morale à l'oppression, ils se livrent à une *escrime* de mots.

Dernièrement ils ont fait d'inutiles et de ridicules démonstrations.

Qu'ils sachent que lorsque la loi est remplacée par le pouvoir, les masses ont raison, qu'alors les leçons du silence et du mépris, ou la conspiration des idées et l'usage du droit de pétition, offrent une arme pacifique et féconde en résultats.

Enfin mes compatriotes ignorent encore, que de l'éducation, du travail et de l'économie naissent les lumières et l'aisance, que celui qui les possède est toujours maître de son indépendance et de sa dignité, et qu'avec la vertu il mériterait le bonheur, si le bonheur ici-bas n'était pas le rêve d'une OMBRE....

PERSONNAGES REMARQUABLES DE CASTELLANNE.

G. Audoul, de St.-Jullien; son traité sur la Régale est un très bon ouvrage.

H. Simon, homme de lettres, auteur d'une excellent dictionnaire.

F. Dolle, sculpteur; les trophées d'armes que l'on voit sur la porte de l'arsenal de Toulon appartiennent à son ciseau.

J. Martiny, antiquaire et lieutenant criminel.

J. André, peintre; on lui doit tous les tableaux de l'église de Notre-Dame-du-Roc, et une partie de ceux de l'église St.-Joseph.

A. et E. Feraud, architectes, ils ont fait plusieurs travaux importans, entr'autres le chemin de St.-Auban, l'église de Fayence, etc., etc.; A. Feraud, jeta dans quelques heures, sur le Var, un pont qui servit de passage aux troupes françaises en Italie.

P. Duchaîne, président au parlement d'Aix.

Fin.